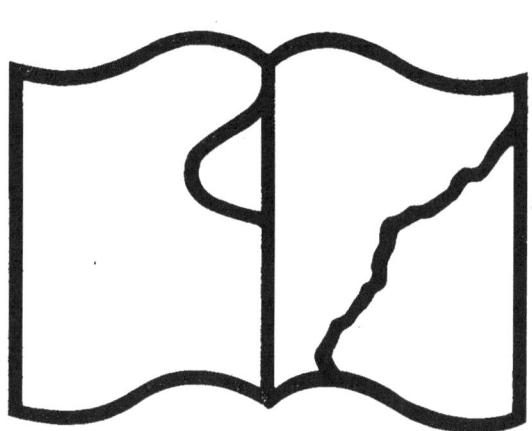

Texte détérioré — reliure défectueuse
NF Z 43-120-11

Géographie

BULLETIN
DE LA
Société de Géographie

EXTRAIT

MASSON & Cie
Éditeurs

La Géographie

BULLETIN DE LA

Société de Géographie

COMITÉ DE RÉDACTION

MM.

Baron HULOT, secrétaire général de la Société de Géographie.
CHARLES RABOT, secrétaire adjoint de la Commission centrale, secrétaire de la rédaction.

D' E.-T. HAMY, de l'Institut, président de la Société. — FRANZ SCHRADER, président de la Commission centrale. — Prince ROLAND BONAPARTE, président de la section de publication. — HENRI CORDIER, de l'Institut. — J. DENIKER. — HENRI FROIDEVAUX. — P. BOUCHEZ.

CONDITIONS DE LA PUBLICATION

La Géographie, journal mensuel publié par la Société de Géographie, forme la 8ᵉ série du Bulletin de la Société. Il paraît le 15 de chaque mois, dans le format grand in-8. Chaque numéro, qui contient 80 pages environ, comprend des mémoires originaux, un bulletin donnant le mouvement géographique, un index bibliographique et le compte rendu des séances de la Société. Il est accompagné de cartes en noir ou en couleurs et de figures dans le texte.

PRIX DE L'ABONNEMENT ANNUEL

PARIS : **24** francs. — DÉPARTEMENTS : **26** francs. — ÉTRANGER : **28** francs.

Prix du numéro : **2** fr. **50**.

On s'abonne à la librairie MASSON et Cⁱᵉ, 120, boulevard Saint-Germain, à Paris.

Tous les manuscrits, cartes, photographies, destinés au recueil, doivent être adressés au secrétaire général de la Société de Géographie, 184, boulevard Saint-Germain.

La reproduction sans indication de source ni de nom d'auteur des articles publiés par La Géographie *est interdite. La reproduction des illustrations est interdite à moins d'entente spéciale avec les éditeurs.*

La Société de Géographie ne prend sous sa responsabilité aucune des opinions émises par les auteurs des articles insérés dans son Bulletin.

Les inondations à Paris du VIe au XXe siècle

Comment on peut connaître les anciennes inondations. — Repères et documents. — Dans le mur de façade de l'hospice des Quinze-Vingt, rue de Charenton, à 85 centimètres au-dessus du trottoir, on peut lire l'inscription suivante : LE 25 DÉCEMBRE 1740, LA POINTE DE LA RIVIÈRE EST VENUE VIS-A-VIS CETTE PIERRE. BOUQUET. Cette inscription, que son auteur a ingénument signée, est sans doute le seul repère authentique qui nous ait été conservé des inondations à Paris sous l'ancien régime[1].

L'indication qu'elle fournit n'est rien moins que précise : « Vis-à-vis cette pierre », en effet, ne peut s'entendre que d'une façon : « A l'étale, sur le sol, vis-à-vis cette pierre »; la rue de Charenton, remontant en pente douce vers la Bastille, c'est bien là le point extrême atteint par les eaux. Le repère de 1910 que l'administration de l'hôpital a fait placer en comparaison est bien au-dessous, à 20 centimètres environ, alors qu'il est prouvé par ailleurs que l'inondation de 1740 a été de 60 centimètres inférieure à celle de 1910. Or, s'il est une chose sujette à variations, c'est bien le sol des rues de Paris avec les pavages successifs et les travaux de nivellement qu'on y répète d'année en année, et il est bien probable que la rue de Charenton n'a pas échappé à cette règle.

Il était nécessaire d'insister sur le caractère imprécis des inscriptions anciennes, car c'est sur elles qu'ont été établies jusqu'à présent les calculs les plus sérieux sur les inondations.

Jusqu'à la fin du XVIIIe siècle, en effet, on a pu voir tout le long des quais et des berges, sur les façades des maisons en bordure de la Seine, dans les cloîtres des abbayes riveraines, dans les bureaux de l'octroi ou des coches d'eau, des marques grossières faites par les mariniers, les agents des ports ou les religieux, soi-disant sur la trace laissée par les eaux sur la patine des pierres. Telle maison sur le Port au Blé, au coin de la rue de Longpont (à la hauteur de Saint-Gervais), portait sur sa façade sud jusqu'à sept ou huit dates

---

1. La date de 1740, que porte l'échelle du Pont Royal est fausse. Cette échelle, comme celle du pont de la Tournelle, est graduée en mètres, par conséquent postérieure à 1789; la date de 1658, qui figure sur la dernière, est en outre notoirement placée trop bas, et ne vaut pas qu'on s'y arrête.

échelonnées de 1651 à 1764. Sur un pilier de la Vallée de Misère, le marché à la volaille du Châtelet, on lisait ces quatres vers :

> Mil quatre cens quatre vingts seize
> Le 7ᵉ jour de janvier
> Seine fut icy à son aise
> Battant le siège du pilier.

L'inondation de 1740, à elle seule, était repérée dans une quinzaine d'endroits. Il suffit d'ailleurs de considérer à l'heure actuelle le nombre de marques faites par l'initiative privée, à propos de la crue de 1910, pour comprendre quelle profusion de *grafitti* ont dû susciter les divers débordements dont Paris a eu à souffrir.

En 1719, au moment des basses-eaux qui ont servi à établir le zéro de l'échelle de la Tournelle, de L'Isle cadet fit un premier relevé de quelques-unes de ces marques et nota les hauteurs auxquelles elles se trouvaient par rapport à la Seine. Après lui, Bonamy en 1740, Deparcieux en 1764, reprenant le même pèlerinage, dressèrent de nouvelles listes de repères et refirent des calculs. En 1804, l'ingénieur Egault voulut à son tour vérifier les relevés de ses devanciers, mais dans l'intervalle les marques avaient disparu et force lui fut de s'en tenir aux notes des savants du xviiiᵉ siècle. Le rapprochement des diverses hauteurs ainsi obtenues amena les discordances les plus frappantes, et beaucoup d'inscriptions durent être écartées de prime abord. Faux le 1711 du port Saint-Paul, faux les 1740 du bureau des coches de Melun, du bureau du domaine au port Saint-Nicolas, du Pont-Royal, fausses toutes les indications de la fameuse maison du Port au Blé, du coin de la rue de la Sannerie, et du jardin des Petits-Augustins. Bien mieux, à la hauteur de 27 pieds et demi, soit 9 m. 10, ce qui indiquerait la crue la plus formidable que Paris ait jamais eu à subir, on trouvait sur la maison du Port au Blé la date du 11 juillet 1615. Sur la foi de cette inscription relevée par de L'Isle, beaucoup d'écrivains sérieux ont cité cette inondation de plein été comme la hauteur maxima atteinte par la Seine; or, dans les écrits contemporains, en particulier dans les registres du bureau de la Ville auquel incombait le soin des ports et des ponts, on ne trouve pas la moindre trace cette année-là de la plus légère crue.

A défaut de repères authentiques peut-on au moins puiser dans les documents historiques les éléments de précision nécessaires pour établir l'échelle des crues? Là encore, les déceptions sont nombreuses. Rares sont les relations un peu explicites, pour les périodes anciennes surtout. De deux vers latins mnémotechniques sur la chute d'un pont[1], d'une mention brève relatant la

---

[1]. Par exemple, en 1296, on trouve (*Historiens de France*, t. XXIII, p. 467 et 483) :
> Parisius vere pontes, gens, tecta ruerunt
> Undis, milleno, C bis, novies deca, seno.

ou encore :
> Anno M bis C novies X sex quoque misce
> Parisius vere pontes et tecta ruere.

sortie de la châsse de sainte Geneviève « pour arrêter la fureur des eaux », le critique le plus subtil ne saurait tirer autre chose qu'une date. Trouverait-il même des précisions qu'il serait bien embarrassé pour les traduire. A quoi peut bien correspondre par exemple, comme cote d'altitude, l'allée des treilles ou le premier berceau de verdure du jardin des religieux de Saint-Victor? Et du fait de savoir qu'en 1427, l'eau atteignait le sixième degré de la croix de la place de Grève, peut-on déduire le nombre de pieds qu'a atteint la crue cette année-là (fig. 24)?

Il reste donc très difficile, au moins pour la période antérieure au xviiie siècle, de bien connaître les divers débordements de la Seine à Paris et surtout d'en donner la hauteur exacte. Du moins peut-on arriver à connaître le mécanisme ordinaire des inondations et rattacher aux précédents le désastre de 1910, sans avoir à en faire un cataclysme exceptionnel résultant de modifications climatiques.

Relief du sol parisien. — Les terrains bas. — La première inondation dont il soit fait mention est celle de 583. A cette date, Grégoire de Tours rapporte qu'il y eut des naufrages entre la Cité et l'église Saint-Laurent. La mention est brève, mais très nette. Elle n'a pas laissé d'embarrasser nombre d'historiens, qui ne pouvaient admettre la possibilité d'une inondation couvrant toute la rive droite et épargnant la Cité. Il ne saurait pourtant y avoir de doute sur la situation de l'église Saint-Laurent, qui devait bien s'élever sur le même emplacement que l'église actuelle. Non seulement cette anomalie apparente s'explique, mais encore les deux lignes de Grégoire de Tours, éclairées par le résultat des fouilles faites dans le sol parisien depuis cinquante ans, et par ce que les textes nous révèlent des autres inondations, prennent une haute valeur documentaire.

Au cours des nombreux travaux dont le sous-sol parisien, depuis un demi-siècle, a été le théâtre, des relevés minutieux de coupes de terrain ont été effectués et leur assemblage fait connaître l'existence d'une couche de tourbe de deux ou trois cents mètres de large commençant au pont d'Austerlitz, décrivant une courbe vers le nord et allant rejoindre la Seine à la hauteur du pont de l'Alma, après avoir suivi à peu près le tracé des grands boulevards. Cette couche de tourbe, qui ne dépasse nulle part l'altitude de 31 mètres, est indéniablement un lit abandonné, un ancien bras de la Seine ou lit majeur, qui en temps de crue devait être facilement rempli. C'est certainement dans ce bras qu'eurent lieu au vi^e siècle les naufrages dont parle Grégoire de Tours; et, dans toutes les inondations qui suivirent, de mieux en mieux connues au fur et à mesure qu'on se rapproche des temps modernes, on peut constater les efforts du fleuve pour regagner son ancien lit.

Ainsi en 1236, avant Noël, la Seine ayant débordé, un religieux de Sainte-Geneviève raconte « qu'elle eût fait une île de toute la partie de Paris située au delà du grand pont [c'est-à-dire au nord], si le bord de cette levée de terre que l'on suit pour aller à Saint-Laurent n'eût arrêté l'inondation et ne se fût pas élevé encore plus haut qu'elle ». En 1432, tout le mois de mars et les huit premiers jours d'avril, tous les marais compris entre le faubourg Saint-Martin et le faubourg Saint-Antoine restèrent pleins d'eau. En 1658 encore, il est dit que « la rivière s'étendait jusqu'au faubourg Saint-Antoine, qui lui servit de premier rempart et de digue, comme celui du Temple lui en fut une seconde pour l'empêcher de courir d'abord autour de la ville et n'en faire qu'une île de ce côté-là ».

Aux inondations du xviii° siècle comme à celle de 1802, on remarque les mêmes velléités de la Seine à reformer une boucle sur la rive droite; mais les obstacles se multipliant et les crues étant moins fortes, les eaux tant d'amont que d'aval ne purent se rejoindre. En janvier 1910, les nappes d'eau qui apparurent avenue Montaigne, boulevard Haussmann, gare Saint-Lazare, les envahissements de caves que l'on a constatés rue Auber, rue Drouot, rue Richer ne sont pas imputables aux seuls souterrains du Nord-Sud et du Métropolitain. Il est bien certain, au contraire, que des infiltrations venues tant de Bercy que de Chaillot s'étaient portées jusque dans ces parages. C'est toujours l'ancien bras de Seine qui tendait à se reformer.

Pour être à une cote légèrement supérieure (de 32 à 35 m.), les autres points de la rive droite n'en étaient pas moins exposés aux crues extraordinaires du fleuve. A part les « monceaux » Saint-Jacques et Saint-Gervais, sur lesquels s'édifièrent les premiers établissements de cette rive, tout le reste n'était que terrains bas, prés et marais. Le quartier Saint-Paul tout entier fut conquis sur les marécages, les Halles furent établies par Philippe Auguste sur le terrain dit les Champeaux, et les rues des Petits-Champs et Croix-des-Petits-Champs rappellent l'ancienne configuration des lieux. Au fur et à mesure des constructions et du développement de la ville, le sol s'exhaussa, et le danger d'inondation s'amoindrit. Cependant les environs de l'église Saint-Paul et du couvent des Célestins restèrent parmi les plus exposés. En 1649, on voit l'eau envahir non seulement la rue des Lions-Saint-Paul, mais même la rue Saint-Antoine, et, en 1740 comme en 1910, les infiltrations souterraines parviennent jusqu'à la rue du Parc-Royal, envahissant les caves dans tous ces parages où se développaient autrefois les « coutures » ou cultures de Sainte-Catherine, du Temple ou de Saint-Gervais. Au pied du « monceau » Saint-Gervais, — très nettement marqué par les nombreuses marches de la place Baudoyer, — l'eau pénétrait fréquemment dans les rues de la Mortellerie et de Garnier-sur-l'Eau. Toutes les maisons étaient dites « sur l'eau ». Mais c'est la place de Grève surtout qui était le plus sensible aux variations de niveau de la Seine. Ancienne baie creusée dans la rive par le courant, elle avait déterminé la fixation à cet endroit du commerce par eau qui devait régenter la ville. S'étalant en pente douce, elle était le port par excellence, mettant la ville en communication constante avec le fleuve. Aussi est-ce par les progrès du flot sur la Grève que l'on notait la plupart des inondations. L'eau montait sans rencontrer d'obstacles, escaladait une à une les marches de la croix, atteignait l'une, puis l'autre des arcades de l'Hôtel de Ville, tournait le coin de la rue de la Vannerie, pénétrait dans l'église du Saint-Esprit ou dans l'hôtel Saint-Louis, et tous ces différents degrés étaient consignés dans les registres

FIG. 24. — VUE DE LA PLACE DE GRÈVE (PLACE DE L'HOTEL-DE-VILLE) DANS LA PREMIÈRE MOITIÉ DU XVII° SIÈCLE. AU MILIEU, LA CROIX DONT LES DEGRÉS SERVAIENT DE REPÈRES EN TEMPS D'INONDATION.
D'après une gravure d'Israël Silvestre.

des délibérations du corps de ville, ou dans les journaux et livres de raison des bourgeois soucieux de conserver le fait à la postérité.

Plus en aval les ports de l'École et de Saint-Nicolas étaient aussi des portes ouvertes aux crues. Par ce dernier les eaux venaient battre les murs du Louvre, et, au XVIII° siècle encore, s'engouffrant sous les guichets, venaient inonder les rues Fromenteau et de Beauvais, qui furent depuis la place du Carrousel. Aux deux extrémités de la ville, les eaux ne rencontrant pas d'obstacle se donnaient libre cours à Bercy, à Saint-Victor (Jardin des Plantes), à Grenelle et aux Champs-Élysées.

Les îles de la Seine, tant qu'elles furent inhabitées, durent être le plus souvent couvertes par des crues très ordinaires. L'île Louviers ne fut à l'abri que du jour où, soudée au rivage, elle se vit entourée d'un quai élevé (quai Henri-IV). L'île Saint-Louis, autrefois scindée en deux, île Notre-Dame et île aux Vaches, était aussi au-dessous du niveau des crues moyennes. Lorsqu'au XVII° siècle, les spéculations de Marie et de ses associés l'eurent couverte d'hôtels et transformée en quartier neuf, elle fut à peu près complètement immunisée, et sa partie orientale resta seule exposée. La Cité enfin, le vaisseau symbolique de Paris, surélevée, dit-on, de 7 à 8 mètres, dut subir les destinées des précédentes jusqu'à l'établissement de son premier rempart. Considérablement moins grande qu'aujourd'hui, elle vit en 1296 sa pointe occidentale — qui alors ne s'avançait pas plus loin que la rue de Harlay actuelle — entièrement recouverte et « passait-on a batel par-dessus les murs du vergier le roy ». Quant à l'autre extrémité, le « terral » ou terrain, situé derrière le chevet de la cathédrale, il était recouvert presque chaque hiver, et pour peu que l'eau montât, les rues du Cloître étaient pleines et les clercs des matines étaient forcés de se faire amener à l'église par bateau.

Rive gauche, la situation se compliquait du voisinage de la Bièvre. Par ses dérivations multiples, artificielles ou naturelles, elle laissait la Seine refluer à travers les clos du Chardonnet et de Saint-Victor jusqu'à Saint-Médard et au quartier des Gobelins. La place Maubert, auprès de laquelle un de ses canaux de dérivation venait déboucher, était un des lieux les plus exposés. De même qu'on jugeait les crues rive droite par la place de Grève, rive gauche la place Maubert restait le point critique. Mais il arrivait aussi que la Bièvre elle-même fit des siennes, et que, mince ruisseau en temps normal, elle se changeât en torrent sans que la Seine y fût pour rien. Le quartier Saint-Marcel alors était le plus exposé : les eaux, ne trouvant pas un débouché suffisant au droit de l'église Saint-Médard, montaient subitement, sapant les maisons et entraînant tout sur leur passage. C'est au XVIe et au XVIIe siècle seulement que ces désastres se produisirent. Le premier que l'on enregistre date de 1527, et rien ne laisse supposer que semblable fait se fût jamais produit aux époques antérieures. Plusieurs maisons furent renversées. L'eau monta jusqu'à la croix de Saint-Médard. En 1579, le débordement semble avoir été encore plus considérable, et tous les contemporains furent très frappés de ce qu'ils appelèrent le « déluge » de Saint-Marcel. On compte jusqu'à cinq relations imprimées de cette catastrophe. Le 8 avril, les eaux s'élevèrent brusquement de quatorze à quinze pieds et emportèrent murailles, maisons et moulins. Il y eut des victimes surprises en pleine nuit. Les grandes eaux durèrent une trentaine d'heures. On constate d'autres crues de la Bièvre indépendantes de celles de la Seine en 1625 et en 1665; depuis cette époque, à la suite de la nouvelle réglementation de cette rivière, la Bièvre cessa de faire parler d'elle. Il est à remarquer qu'en 1527, comme en 1579, le débordement fut causé par la rupture des chaussées des étangs se déversant dans la Bièvre, en amont de Paris.

En continuant sur la rive gauche de la Seine, Saint-André-des-Arts et ses environs furent fréquemment inondés; un peu plus loin, la rue de Seine, sur l'emplacement de l'ancien fossé des fortifications de Philippe Auguste, la Petite Seine, comme on l'appelait parfois, eut à souffrir de mainte crue.

Enfin, l'ancien Pré aux Clercs, et surtout tout le terrain portant le nom significatif de Grenouillère, aujourd'hui quai d'Orsay, restaient parmi les lieux les plus exposés. C'étaient anciennement des marécages entrecoupés de canaux, de fossés, relevant de l'abbaye de Saint-Germain-des-Prés.

* *

Modifications apportées au relief du sol et au lit du fleuve. — Sous la carapace de pavé et de macadam qui le recouvre, un observateur attentif parvient à discerner des traces de ce modelé ancien que la crue de 1910 a mis si nettement en lumière. D'ailleurs, les dénivellations accentuées que l'on constate en quelques endroits, rue des Prêtres-Saint-Germain-l'Auxerrois ou au coin de la rue des Chantres et de la rue des Ursins, suffiraient à en témoigner. Ces dénivellations témoignent en même temps des modifications profondes, et très difficiles à déterminer, qui ont été amenées aux cours des siècles par les divers travaux de voirie dont Paris n'a cessé d'être l'objet.

Un des premiers, Bonamy en 1742[1] a signalé l'importance du relèvement du sol parisien. Suivant lui, cet exhaussement continu était même le meilleur remède aux inondations. Les chiffres qu'il donne ne laissent pas d'être assez troublants. C'est pour la Cité une surélévation de huit pieds dans certains endroits, de quinze à seize dans d'autres. Rue du Petit-Pont, c'est une différence de six pieds attestée par la découverte en 1740 du pavé de Philippe Auguste. « Il semble, dit-il, que si le sol de Paris était seulement exhaussé de deux pieds on y serait à l'abri des débordements dans presque tous les lieux : j'en excepte ceux, qui étant bas et voisins du lit de la rivière, seront toujours exposés au ravage des eaux. » Et, très justement il fait remarquer « qu'à mesure que le sol s'est élevé, les eaux ne se sont plus répandues dans quantité d'endroits dont les historiens font mention ». Mais ses chiffres sont en eux-mêmes très discutables ou se trouvent faussés par les opérations ultérieures. Ainsi, il est à peu près prouvé aujourd'hui que les treize ou dix-huit marches si souvent alléguées, que l'on aurait gravies au Moyen-Age pour monter du parvis Notre-Dame à l'entrée de la cathédrale, n'ont jamais existé en cet endroit, mais se trouvaient au midi et descendaient vers la Seine. D'autre part, si la reconstruction du pont Notre-Dame, au début du xvie siècle, amena l'exhaussement des voies y donnant accès, sous le second Empire, Haussmann, en faisant disparaître le « monceau » Saint-Jacques pour le percement du boulevard Sébastopol et de la rue de Rivoli, arasa ce même pont Notre-Dame et sur les quais environnants enleva des épaisseurs de sol de 0 m. 60 à 2 m. 50, suivant les endroits.

---

1. *Mémoires de l'Académie des Inscriptions et Belles-Lettres*, t. XVIII, p. 625.

Devant de telles variations de niveau, il devient impossible de dresser une échelle, même approximative, des crues par le seul examen des lieux atteints. En outre, parviendrait-on à établir les différentes cotes non seulement du sol antique, mais du sol parisien, siècle par siècle, qu'il faudrait encore tenir compte des modifications apportées au lit même du fleuve par les travaux de curage, de dragage, de construction de quais ou de ponts.

Lorsque au XVII° siècle on commença à discuter des causes des inondations et des remèdes à y apporter, on ne manqua pas d'incriminer le resserrement progressif des quais et l'accumulation des obstacles dans le lit du fleuve. En 1651, un expert affirme que « la crue des eaux tant extraordinaire provient du rétrécissement du canal de la rivière, lequel se trouve rétréci depuis soixante ans de plus de cent cinquante pieds, par le Pont-Neuf, île du Palais, le Marché Neuf, forces avances du côté de l'Université, outre les quais et les ponts, et depuis trente ans par l'île Notre-Dame [île Saint-Louis], les rues de Saint-Louis, de Gèvres, pont au Change et piles de l'Hôtel-Dieu ». En 1658, on accuse encore formellement les ponts de pierre, les quais de l'île Saint-Louis, les ponts de l'Hôtel-Dieu et les « anticipations » des quais; depuis lors, à chaque inondation, cette théorie trouve de chauds partisans; en 1764, Deparcieux s'élève avec violence contre les rétrécissements opérés tant dans le grand que dans le petit bras, et, en 1910 ce sont les quais du premier Empire auxquels on impute tout le mal.

Sans songer à nier l'influence que peuvent avoir sur le régime du fleuve les différents travaux d'art exécutés sur son parcours, il faut reconnaître que, là encore, nous n'avons que des notions très vagues sur les modifications apportées au cours des siècles au lit de la Seine à Paris. Les cent cinquante pieds de rétrécissement réclamés par l'ingénieur de 1651 ne sont rien moins que prouvés. A la vérité, de tous temps, les Parisiens, à l'étroit dans leurs murailles, ont cherché à s'agrandir au détriment du fleuve. C'est une tendance générale dans toutes les agglomérations urbaines de restreindre au minimum de l'encombrement les cours d'eau qui les traversent. Au Moyen-Age, les maisons ne se contentaient pas de chevaucher le fleuve sur les ponts de bois et de pierres, sur toutes les berges elles avançaient dans l'eau leurs pilotis ou murailles. C'était le cas notamment des maisons « sur l'eau » de la rive droite, au sud de Saint-Gervais et dans la Cité, des maisons de la rue Basse-des-Ursins ou plus tard de la rue Neuve-Saint-Louis. Périodiquement le Bureau de la Ville, chargé d'assurer la liberté de la navigation, intervenait pour obliger les particuliers à reculer sur les berges les constructions qu'ils avançaient impudemment. Quant au cours même de la Seine, il devait présenter un aspect tout différent de celui que nous avons actuellement sous les yeux. Plus large certes qu'il n'est aujourd'hui, bien qu'on ne puisse donner des chiffres, il était plus rapide aussi et le courant était assez fort pour faire tourner sans dénivellation les roues des moulins. Çà est là, des atterrissements surgissaient. Sans parler des îlots proprement dits, comme ceux qui, jusqu'à la fin du XVIᵉ siècle, prolongeaient la Cité à ses deux pointes (fig. 23), des bancs de sable apparaissaient fréquemment à la suite des crues. En 1740, l'inondation en apporte des monceaux considérables au pont Saint-Michel et entre l'île Saint-Louis et la Cité. En 1764, Deparcieux constate qu'entre les quais des Augustins et des Orfèvres et en face de l'abreuvoir Guénégaud, les dépôts se forment très rapidement.

Les marchés passés par le Bureau de la Ville avec les entrepreneurs sont sur ce point très suggestifs. C'est ainsi qu'en 1706 on enlève le long de la

FIG. 22. — LA SEINE ET SES BERGES A LA VEILLE DE L'INONDATION DE 1658.
D'après Israël Silvestre (1657).
Vue prise de l'entrée de la rue du Bac. Au premier plan, le Pont Rouge à demi détruit ; au fond, le Pont-Neuf.

rive gauche, entre les grands degrés de la place Maubert et le pont de l'Hôtel-Dieu, 1758 tombereaux de terres et gravois, soit à 20 pieds cubes l'un, 163 toises cubes. De l'éperon de la Tournelle aux grands degrés, le toisé accuse 1445 toises cubes d'enlevées c'est donc plus de 17 000 tombereaux au total, ou au bas mot 100 000 mètres cubes de berge qui ont été enlevés cette année-là[1]. En 1730, on enlève 1149 toises cubes sur l'autre rive, du côté du Mail, le long de l'île Louviers et sur le port Saint-Paul[2]. En 1736, on projette d'enlever les terres, vases et immondices qui obstruent les arches ménagées sous le quai de Gèvres, et, de faire disparaître « un atterrissement considérable dans le lit de la rivière au-devant des piles du quai de Gèvres, à prendre depuis la tête de la deuxième pile du pont au Change, en la longueur de 36 toises ou environ en remontant l'eau sur huit à neuf toises de largeur ». Le marché portait que

1. Arch. nat., H 2013.
2. Ibid., H 2018.

toutes ces parties seraient fouillées jusqu'à trois pieds de profondeur au-dessous de la superficie des basses eaux. L'entrepreneur, gêné par les crues, ne réussit à enlever que 240 toises et dut résilier[1].

D'ailleurs, pour peu que l'été soit brûlant, le petit bras s'assèche presque complètement. Certains hivers même le fait se reproduit. En 1448, à la Toussaint, on traversait de la place Maubert à Notre-Dame, « à l'aide de quatre petites pierres et hommes et femmes et petits enfants sans mouiller leurs pieds, et devant les Augustins jusqu'au pont Saint-Michel, en quatre ou cinq lieux pour venir au Palais ». En 1591, le 3 janvier, on pouvait aller quasi à pied sec du quai des Augustins au Palais.

.·.

Les remèdes. — Pendant tout le Moyen-Age, les inondations furent acceptées comme un mal sans remède. Les ponts chargés de maisons, ébranlés par les grandes eaux et les débâcles, s'écroulaient les uns après les autres, les moulins flottants étaient entraînés, la farine et le pain manquaient. Dans la Cité les habitants, privés de toute communication avec les deux rives, étaient menacés de mourir de faim. A toutes ces calamités les prières semblaient le seul recours possible pour apaiser la colère du ciel, et, par les rues encore accessibles, parfois sur les ponts menacés, les processions se déroulaient, suivant les châsses de saint Denis, de saint Marcel ou de sainte Geneviève, la patronne de Paris. Le danger disparu, on reconstruisait les ponts comme par le passé, maisons en dessus, moulins en dessous, avec une seule arche libre, l'arche marinière, pour laisser le passage des bateaux. Contre le retour possible des mêmes désastres, aucune mesure ne semblait à prendre. Tout au plus, en hiver, le Corps de Ville ordonnait-il d'amarrer plus solidement les bateaux, ou faisait-il planter des pieux pour protéger les piles des ponts contre le heurt des glaces.

Cependant la réglementation du cours de la Seine faisait l'objet de nombreuses prescriptions, mais la nécessité d'assurer la navigation et de concilier les besoins de l'industrie meunière avec ceux du commerce fluvial dictait seule aux édiles leurs ordonnances. Pas un instant on ne se préoccupa, lors de l'établissement des ponts et des quais, de l'influence que ces travaux pourraient exercer sur le régime des crues. On s'efforçait, au contraire, de resserrer le courant par des barrages partiels pour donner plus d'action aux moulins.

Lorsqu'en 1551 un premier projet de canal de dérivation autour de Paris

---

1. *Ibid.*, II 2021. Aujourd'hui, ces voûtes du quai de Gèvres, qui même encombrées formaient un lit majeur en cas de crues, ont disparu. Elles existent encore sur un parcours d'une trentaine de mètres à l'aplomb du quai, mais sont masquées et occupées en partie par des bureaux du service des égouts.

fut proposé, seuls les besoins de navigation furent mis en avant. Les projets de Crosnier et de l'ingénieur Claude Chastillon, en 1611, n'avaient pas non plus d'autre but, et le commencement d'exécution qui s'ensuivit, en 1635, n'avait qu'une raison stratégique. Ce n'est qu'au milieu du xvii° siècle que l'on agita sérieusement les moyens de remédier aux inondations, et les trois grandes crues de 1649, 1651 et 1658, se produisant coup sur coup, furent naturellement l'occasion de ces discussions.

En 1649, il ne semble pas, à proprement parler, y avoir eu encore de projets très précis; mais en 1651 et 1658 les faiseurs de projets se donnèrent beau jeu. A la première comme à la seconde de ces dates, les événements se passèrent de façon identique. Les prévôt des marchands et échevins firent appel à tous les gens de l'art dont la profession pouvait s'accorder avec les services qu'on attendait d'eux, architectes, ingénieurs, maîtres des œuvres, intendants des fontaines, géomètres, etc. A ces titres, les architectes du Louvre Le Mercier, en 1651, et Le Vau, en 1658, ne furent pas les moins écoutés. L'idée d'un canal prenant les eaux en amont de Paris et les rejetant en aval ralliait à peu près tous les suffrages. Mais où les avis différaient, c'était pour déterminer les points extrêmes du canal. Les uns étaient pour le canal pur et simple de l'Arsenal à Chaillot — ce qui était en somme rétablir l'ancien bras de Seine — les autres objectaient qu'entre ces deux points la différence de niveau de la crue était trop peu sensible pour donner grand résultat et proposaient, partant du même endroit ou d'un peu plus haut, d'aller rejoindre la Seine à Saint-Ouen. Certains parlaient de deux canaux concentriques, d'autres voulaient couper court aux méandres de la Seine, de Charenton au Cours-la-Reine et de Saint-Cloud au Pecq [1].

L'examen de ces projets n'est pas aussi fastidieux qu'on pourrait le croire. S'il en est d'un peu puérils ou dénotant trop clairement un esprit intéressé — le promoteur se proposant toujours comme entrepreneur —, plusieurs contiennent des remarques curieuses. C'est ainsi que Levau se révèle adversaire irréductible du canal pour les raisons suivantes : « Il est impossible de remédier à l'inondation de la ville par quelque sorte de canal que l'on puisse faire, lorsque les eaux viendront d'amont en pareille abondance qu'elles sont venues, et qu'elles seront soutenues d'aval comme elles ont été. La raison de ce marais est que tout le pourtour de la ville est canal, lequel est plus bas de cinq ou six pieds que la superficie de l'eau où elle a monté cette année au plus haut du terrain. C'est pourquoi quand il y aurait dix canaux au lieu d'un, tous ne contiendraient pas plus d'eau que son étendue ou sa superficie ». Un

---

1. Tous ces mémoires existent encore en originaux; quelques-uns, imprimés, sont maintenant rarissimes. Ils sont conservés aux Archives nationales sous les cotes H 1 904 et H 1 907. Champion ne les a pas connus. Nous avons connu leur existence grâce à l'obligeance de M. Legrand, sous-chef de section aux Archives nationales; qu'il reçoive ici tous nos remerciments.

certain Gamard, également opposé au canal, propose purement et simplement le curage de la Seine, mais où ses allégations deviennent originales c'est quand il prétend, qu'anciennement le grand cours de l'eau était dans le canal devant les Grands Augustins, c'est-à-dire le petit bras : « il y avait dix à douze pieds de hauteur d'eau dans l'été, à présent on le voit tout sec et sans eau l'été et ainsi en beaucoup de lieux au-dessus et au-dessoubz de Paris ».

Plusieurs témoignent d'un souci tout particulier de tenir compte du sous-sol parisien : Beaulieu Saint-Germain s'oppose à ce qu'on fasse partir le canal de l'Arsenal où il faudrait creuser trop profond : « En fouillant ainsi on percera la bonne marne jusques au sable mouvant, ce qui pourra faire renverser toute la maçonnerie des remparts et maisons ». Pour lui, partisan d'un canal de Conflans à Chaillot, il commencerait les travaux à Chaillot en remontant toujours pour ne pas se tromper dans les calculs de pente. Un autre, Loisel, sieur des Perrières, « fit la dépense de faire faire des puits en divers endroits pour reconnaître le terrain du tour de Paris » et les vingt mille livres dépensées par lui auraient, au dire d'un de ses admirateurs, en forçant d'interrompre des travaux à la porte Saint-Louis, sauvé Paris d'une catastrophe.

Un seul, Jean Douet, proposa l'ouverture d'un canal sur la rive gauche, commençant entre la ville et Ivry et passant entre Gentilly, Montrouge, Vaugirard et les faubourgs pour aboutir à la Grenouillère.

Ces diverses propositions soulevaient des discussions interminables. Pour plus ample informé, le Bureau de la Ville procédait à des descentes sur les lieux, de moitié avec les hommes de l'art. Le 3 mai 1651, on vit les commissaires se rendre à Bercy où le maître des œuvres, Pierre Le Maistre, montrant une avancée un peu plus forte de la rivière sur le chemin, déclarait l'endroit propre pour amorcer le canal. A la porte Saint-Louis, on les vit escalader la butte d'un moulin à vent pour avoir une vue d'ensemble et mieux suivre les explications du sieur de Marsay, gouverneur de Gien. Ils poussèrent la conscience jusqu'à faire le tour de la ville, les uns à cheval, les autres en carrosses, mais se séparèrent sans rien résoudre.

Le 3 avril 1658, c'est la même cérémonie. Seuls les noms ont changé ; encore retrouve-t-on parmi les experts quelques-uns de ceux qui s'étaient mis en avant sept ans auparavant. Au coin du bastion de l'Arsenal, on constate que « la rivière a été en hauteur du côté droit 19 pieds trois pouces », à 99 toises en amont même hauteur, au mur de la Rapée 19 pieds et demi, à l'encoignure du mur de Bercy 19 pieds 8 pouces. Au cours des 1166 toises ainsi parcourues le nivellement n'a révélé quasi aucune pente. A la porte de la Conférence, c'est-à-dire à l'autre bout de Paris (extrémité du quai des Tuileries), le portier déclare que « la dernière crue a donné trois pouces jusques dans le cordon de la porte », ce qui équivalait à 17 pieds et demi. A Chaillot, on trouve 17 pieds, à Saint-Cloud, encore 17 pieds.

S'appuyant sur ces chiffres, certains s'efforcèrent de montrer combien la conception d'un canal de décharge, limité au tour de Paris, était vaine. Comme le répétait l'ingénieur P. Petit, on ne pourrait jamais, quelque pro-

FIG. 23. — LE COURS DE LA SEINE A TRAVERS PARIS AU XVIe SIÈCLE.

1. Ile Louviers (aujourd'hui soudée à la rive droite, forme le terrain compris entre le boulevard Morland et le quai Henri-IV).
2. Ile Notre-Dame (île Saint-Louis).
3. Abbaye et jardins de Saint-Victor (emplacement de la Halle aux vins).
4. Place Maubert.
5. Place et croix de Grève (Place de l'Hôtel-de-Ville).
6. Moulin du Temple.
7. Moulin de la Monnaie.
8. Atterrissements (emplacement du Pont-Neuf).

fondeur qu'on puisse donner au canal, faire que les eaux d'amont descendent au-dessous du niveau des eaux d'aval, et puisqu'il n'y avait que deux pieds de différence entre les hauteurs constatées à Chaillot et à Bercy, le dénivellement ne saurait dépasser ce chiffre. Encore, en réalité, gagnerait-on beaucoup moins, car suivant la remarque pleine de sens de Levau, l'inondation de la rive droite formait canal et on aurait beau ouvrir dix tranchées dans cet espace que le dégagement ainsi obtenu n'équivaudrait pas en débit toute la superficie recouverte.

A la suite de chaque inondation, l'idée du canal fut reprise et discutée. On peut citer notamment les projets de Deparcieux (1764), de Gallis (1840), de Mary (1868), et on sait qu'aujourd'hui encore la question a été remise à l'étude. Après chaque inondation également, on s'est préoccupé des précédentes, et toujours on a voulu faire des comparaisons entre les hauteurs atteintes ou tirer des déductions du laps de temps plus ou moins long qui séparait une grande crue de sa devancière. En 1625, les inondés du faubourg Saint-Marcel se remémoraient le « déluge » de 1579; en 1651 on vendait des relations de la crue de 1496; en 1740 des états de comparaisons de 1631, 1658, 1711 circulaient dans le public; d'autre part, P. Petit[1], Bonamy, Deparcieux, Egaux. Belgrand lui-même ont été amenés à rechercher les circonstances des désastres passés pour expliquer le présent et éclairer l'avenir.

Aujourd'hui encore, devant une catastrophe complètement inattendue, on cite volontiers « les précédents ». Dans tous les rapports on trouve évaluée en centimètres, avec une précision déconcertante, toutes les grandes crues depuis trois siècles. On a pu voir cependant par les considérations qui précèdent sur quelles bases fragiles reposent les évaluations que l'on peut donner dans l'état actuel des recherches. C'est ainsi que Belgrand, si prudent pourtant dans ses allégations, acceptant sans les discuter les calculs du Père Cotte, a écrit que pour protéger Paris, il suffirait de « prolonger les quais jusqu'aux fortifications à l'amont et l'aval de Paris, en maintenant le dessus des parapets du côté d'amont à l'altitude de 35 m. 06 et du côté d'aval à 33 m. 58, *ces deux chiffres représentant les altitudes de la crue de 1658 en amont et en aval de Paris*[2] ». Or, on a pu voir par les procès-verbaux de visite cités plus haut, que de Bercy à Saint-Cloud la différence de niveau n'avait pas dépassé deux pieds et demi, soit moins d'un mètre.

Mais il y a mieux. Belgrand, en reprenant les chiffres acceptés par lui pour les crues de 1658 et 1740, et ceux mieux connus de 1802, a tracé sur un plan le contour des quartiers de la ville qui, théoriquement, seraient submergés si les crues mentionnées se reproduisaient. Il a pris soin d'ajouter que ces indications portaient « sur le relief actuel de Paris », c'est-à-dire sur le relief de 1872. Sans tenir compte de cette observation, on a reproduit cette carte un peu partout, y compris dans les rapports les plus officiels, comme donnant l'étendue réelle des grandes crues du xviie, du xviiie, et, du xixe siècle; ce qui n'a jamais été

---
[1]. P. Petit, au xviie siècle, avait longuement insisté sur cette faible dénivellation et Girard, au xixe, ne l'a pas ignorée.
[2]. *La Seine*, p. 323. — C'est également sur ces chiffres que M. Bord s'est basé dans *le Correspondant*.

dans les intentions de Belgrand. Il suffit pour s'en convaincre de comparer cette carte avec la carte dressée par Buache pour 1740, ou encore de parcourir les relations assez nombreuses que l'on possède pour 1658. On verra par exemple qu'en 1740 il ne pénétra pas une goutte d'eau, même par infiltration, dans le jardin des Tuileries que Belgrand montre entièrement envahi. De même l'île Saint-Louis fut inondée dans sa partie orientale (quai d'Anjou et de Béthune) alors que, suivant Belgrand, la partie occidentale (quai Bourbon)

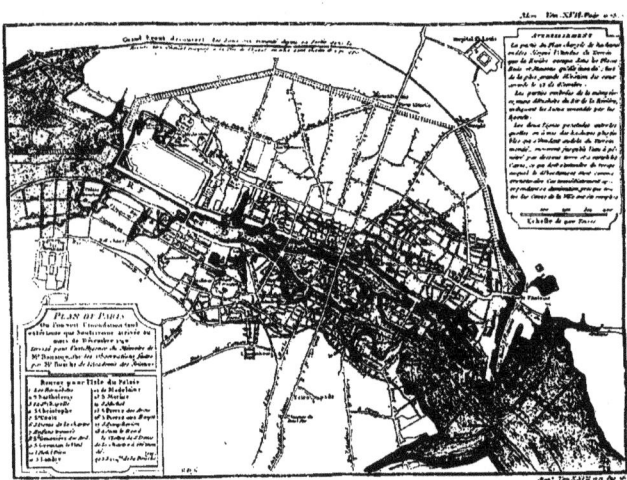

FIG. 24. — PLAN DE L'INONDATION DE 1740, PAR BUACHE.

était seule exposée. Enfin en 1658, bien loin d'avoir été indemne, la rue Saint-Denis fut envahie jusqu'à la hauteur de la pointe Saint-Eustache, et d'ailleurs l'on a vu que tout l'ancien bras de Seine fut recouvert cette année-là. Même au point de vue théorique, la carte de Belgrand ne présente pas grand intérêt, puisqu'elle est basée sur des chiffres faux. Pour 1658, en effet, il a délimité pour la partie amont tous les lieux inférieurs à la cote 35 m. 06 et pour la partie aval tous ceux qui se trouvaient au-dessous de 33 m. 58. Et, comme il lui fallait une ligne de démarcation, il a adopté le centre de la Cité, ce qui fait qu'à l'Hôtel de Ville, suivant ses indications, l'eau serait plus haute de 1 m. 50 qu'à Saint-André-des-Arts !

Il ne faudrait pas conclure, d'après ces exemples, que les théories de Belgrand sur les inondations parisiennes soient attaquables dans leur ensemble. Les lois formulées par lui sur le régime des crues, si clairement résumées par

M. Maillet ici même, il y a quelques mois, restent entières. Les documents que l'on pourrait trouver sur les crues des affluents de la Seine en amont de Paris aux dates critiques, confirmeront certainement ses vues si ingénieuses sur l'enchevêtrement des différents flots qui passent sous les ponts de Paris les uns après les autres, et, qui, lorsqu'ils viennent à se rencontrer, provoquent ces inondations, si rares mais si redoutables. En poursuivant méthodiquement les recherches dans les dépôts d'archives de Paris et de la province, on parviendra à établir la marche de toutes les grandes crues. On constatera, par exemple, que des débordements formidables comme celui qui, les 17-18 juillet 1613, renversa cinquante maisons à Semur, emporta les moulins et les ponts, dévasta les rives de l'Yonne, de l'Armançon et de la Cure, ont passé inaperçus à Paris, provoquant à peine un léger soulèvement des eaux sur la Grève. On verra par contre que les crues les plus formidables, comme celle de 1658, n'ont pas causé à proportion tant de ravages en amont, et, que les habitants d'Auxerre ont songé plutôt à plaindre les Parisiens qu'à se plaindre eux-mêmes.

Sur le régime même des crues, il est donc peu probable que l'on établisse des lois nouvelles; mais ce que l'on peut espérer déterminer, c'est le rôle de Paris dans la marche de ces crues, la résistance plus ou moins grande que par la construction de ses quais et de ses ponts et les modifications du lit fluvial il a présenté et présente à l'écoulement des eaux.

Étienne Clouzot.

Tableau chronologique des inondations de la Seine et de la Bièvre à Paris avant 1650.

Le tableau qui suit rectifie et complète sur bien des points la liste des inondations dressée par Champion, dans son grand ouvrage sur les *Inondations en France*. Il reste cependant très imparfait, et n'est publié ici qu'à titre de démonstration. L'histoire des inondations à Paris ne saurait s'improviser en quelques pages, surtout pour les trois derniers siècles où les documents très abondants sont loin d'avoir été réunis et critiqués [1].

583, février. — La Seine couvre toute la rive droite, de la Cité à l'église Saint-Laurent. (Champion, I, 5-7.)
820. — Inondation. (Champion, I, 11.)
834. — Inondation. (*Ibid.*)
841. — Inondation. (Champion, I, 12.)

---

[1]. C'est ainsi que M. A. Uhry vient de publier dans les *Annales de Géographie* (15 juillet 1910) une série de documents inédits sur une crue restée à peu près ignorée jusqu'ici, celle de janvier 1677.

866, 6 février. — Première crue. Chute du Petit Pont. — Mars. — Deuxième crue. (Champion, I, 12.)
1119. — Inondation. (Champion, I, 13.)
1175, novembre. — Inondation. (Champion, II, 14.)
1197. — Chute des ponts. La Cité est isolée; Philippe Auguste se réfugie à Sainte-Geneviève et l'évêque, Maurice de Sully, à Saint-Victor. Ce dernier fait montre bien que la Cité n'a pas été envahie, comme l'a cru Champion (I, p. 15-16), car l'abbaye de Saint-Victor, située en contre-bas, eut été à plus forte raison inhabitable.
1206, 5 décembre. — Chute du Petit Pont. (Champion, I, 19.)
1220, mars-avril. — Le Petit Pont est impraticable. (Champion, I, 20.)
1221, 1er février. — Inondation. (Champion, I, 20, 21.)
1232, décembre-1233, janvier. — (Champion, I, 22.)
1236, décembre. — La rue Galande est envahie. Toute la rive droite est couverte, sauf la chaussée conduisant à Saint-Laurent (rue Saint-Martin). (Champion, I, 24-27.)
1268, 24 décembre, crue; 25 décembre, décrue. (Chronique anonyme, *Mém. Société Hist. de Paris*, IV, 189.)
1269, 19 au 24 mai. — Crue. (*Ibid.*)
1280, décembre-1281, janvier. — Le 12 janvier, à Auxerre. A Paris, chute de deux arches du Grand Pont et d'une arche du Petit Pont; la Seine fait le tour des murs rive droite. (*Historiens de France*, XX, 170, 514, 567.) (Champion, I, 27-28.)
1296, 20 décembre-1297, 3 janvier. — Chute du Petit Pont (21 décembre) et du Grand Pont (24 décembre) et du petit Châtelet. Dans nombre de rues on circule en bateau. On passe en bateau au-dessus du jardin du roi dans la Cité (*Histor. de France*, XXI, 134.) (Champion, I, 30-31.)
1306. — Débâcle. (Champion, I, 33.)
1326, 6 janvier. — Débâcle. Les ponts de bois sont rompus. Pendant cinq semaines, on ravitaille en bateau les habitants de la Cité. (Chronique anonyme, *Mém. Soc. Hist. Paris*, XI, 102.) (Champion, I, 34.)
1330-1. — Hiver pluvieux, grandes eaux. (*Ibid.*, p. 144.)
1373. — Chute du Grand Pont. La place Maubert est envahie (Bibl. Sainte-Geneviève, ms. 540.) Les renseignements fournis par Corrozet et cités par Champion, I, 39-40, sont obscurs. Corrozet dit qu'on ne pouvait aller qu'en bateau de la porte Saint-Honoré au port de Neuilly. Par port de Neuilly, il faut entendre un vaste territoire comprenant aussi bien le Neuilly actuel que les Ternes.
1400. — Inondation. (Champion, I, 40.)
1407, 21 novembre et jours suivants. — Hiver rigoureux. La Seine prise porte des charrettes.
1408. — 27 janvier, Débâcle. 29 janvier, Chute du Petit Pont. (Archives nationales, Z^{1h} 4.) 31 janvier. Chute du Grand Pont et du pont Saint-Michel. (*Ibid.*) La place Maubert est envahie (Bibliothèque nationale, ms. fr. 5961, fol. 74.) (Champion, I, 41-42.)
1415. — Pluies continuelles depuis le 1er novembre 1414. Les marais sont inondés entre le Temple et le faubourg Saint-Antoine. Maximum de la crue en mars, sept ou huit jours. Décrue le 15 avril. Processions le 14 mars et le 5 avril. (Arch. nat., LL 306, fol. 24 et 24 v°.) (Champion, I. 46.)
1421. — Du 8 au 25 décembre, pluies et neiges. Du 10 au 20, la Seine déborde et couvre la Grève au delà du Saint-Esprit, envahit la cour du Palais et la Sainte-Chapelle, la place Maubert jusqu'à la croix Hémon (au bas de la montagne Sainte-Geneviève.) (*Journal d'un bourgeois de Paris*, éd. Tuetey, p. 160.)
1426. — Du début de juin au 10 juillet, les marais sont pleins d'eau. Le 20 juin, la Seine monte subitement et éteint le feu de la Saint-Jean sur la place de Grève. Cinq ou six jours après elle dépasse la croix. (*Ibid.*, p. 208.)

LA GÉOGRAPHIE. — T. XXIII, 1911.

1427. — Du 15 avril au 9 juin, pluies continuelles. Le 12 juin, l'île Notre-Dame (île Saint-Louis, alors non bâtie) est couverte. Le 14, l'eau atteint la sixième marche de la croix de Grève. L'eau monte deux pieds plus haut que l'année précédente. (*Ibid.*, 215-217. Champion, I, 48-50.)

1432, mars. — Les marais restent inondés de la porte Saint-Antoine à la porte Saint-Martin jusqu'au 8 avril. La place de Grève et la place Maubert sont envahies. (*Ibid.*, 280-281. Champion, I, 51-52.)

1433, janvier. — L'eau envahit la Mortellerie (près de l'Hôtel-de-Ville). (*Ibid.*, 291.)

1438, 20 juin. — L'eau atteint la croix de Grève. (*Ibid.*, 340. Champion, I, 52.)

1442, 15 mars-15 avril, suivant les uns, avril-mai suivant d'autres. L'eau envahit par deux fois la place de Grève, le 1er avril et au début de mai. (*Ibid.*, 365. Champion, I, 52.)

1449, 21 février. — Processions ordonnées pour la diminution des eaux. (Arch. nat., LL 306, fol. 79.)

1460, 10 juin. — La vallée de la Haute-Seine est inondée. (Champion, II, 15). Crue à Paris, sans date précise. (Champion, I, 53.)

1480. — Débâcle. (Champion, I, 53.)

1484, janvier. — L'eau atteint la croix de Grève.

1497, 7 janvier. — L'eau couvre la place de Grève, la place Maubert, la rue Saint-André-des-Arts. Registres du Parlement. (Félibien, t. IV, preuves, p. 642.) (Champion, I, p. x.)

1505. — Inondation. (Champion.)

1522, novembre. — Les eaux montent jusque près de la croix du cimetière de Saint-Victor. (*Mém. Soc. Hist de Paris*, XXII, 74.)

1524, janvier. — Les eaux montent du 6 au 15, pénètrent dans les jardins de Saint-Victor, décroissent du 15 au 30. (*Ibid.*, 84.)

1526, 27 février. — La Seine déborde, pénètre dans les jardins de Saint-Victor, crue jusqu'au 7 mars, décrue du 7 au 15. (*Ibid.*, 115.)

1527, 3 mars. — Chute d'une maison ruinée par l'eau près de la porte Saint-Honoré. Du 27 avril à la fin de mai, temps pluvieux, la Seine déborde. La Bièvre, grossie « par les étangs crevés d'autour de Paris » renverse plusieurs maisons et une grande quantité de la clôture des religieuses de Saint-Marcel. (*Ibid.*) Le 15 mai, à dix heures du matin, elle atteint la croix de Saint-Médard. (Bibl. nat., ms. fr. 2 206 n° 106, fol. 155.)

1528, 1er juin. — La Seine déborde et reste grosse huit jours durant. — Décembre. La Seine déborde deux fois. (*Mém. Soc. Hist. Paris*, XXII, 132, 136.)

1529. — Du 13 au 16 décembre, crue; 16, décrue; du 17 au 21, nouvelle crue; 21, décrue; du 31 décembre au 7 janvier, troisième crue. (*Ibid.*, 144.)

1531. — Crue du 7 au 10 janvier. (*Ibid.*, 155.)

1535, février. — Débordement au début du mois. (*Ibid.*, 177.) (Champion, I, 66.)

1564, 20 décembre-1565, janvier-février. — Froid; neige abondante. Débâcle à Troyes fin février. Le 1er mars, les eaux envahissent la place de Grève. (Journal de Fr. Grin, *Mém. Soc. Hist. de Paris*, XXI, 28.) (Champion, I, 68; II, 21.)

1570, décembre. — Inondation. (Champion, I, 69.)

1571, février. — Du 8 au 14, on va du cloître Notre-Dame à Saint-Denis-du-Pas en bateau. (Arch. nat., LL 307, fol. 10.) (Champion, I, 69.)

1573, janvier. — A Meaux on ne peut passer de la ville au faubourg Saint-Nicolas sans bateau. (Champion, II, 150.) Du 10 au 15, on va du cloître Notre-Dame à Saint-Denis-du-Pas en bateau. (Arch. nat., LL 307, fol. 13 v°.) (Champion, I, 69.)

1579, 3-9 février. — La maison des clercs des matines, à l'angle de la rue des Chantres et de la rue des Ursins, est entourée par les eaux. (Arch. nat., LL 307, fol. 26.) 8-9 avril, crue de la Bièvre. Entre dix heures et minuit, l'eau atteint la hauteur de 14 à 15 pieds, et fait de vingt à soixante victimes (chiffre indéterminé).

Cf. J. Guiffrey. (*Mém. Soc. Hist. Paris*, XXV, 240.) (Champion, I, 236 et CCXXI).

1582-1583. — Pluies depuis la fin d'août; en novembre, le pont aux Ladres à Nogent-sur-Seine est emporté. Troyes est difficilement abordable. Maximum de la crue à Paris, le 29 mars. (Champion, I, 69-70). Du 29 mars environ au 4 avril, on circule dans le cloître Notre-Dame en bateau. (Arch. nat. LL 307, fol. 30.)

1590, 2 janvier. — Le cloître Notre-Dame est inondé. (*Ibid.* fol. 43 v°.)

1595, 14 mars. — Crue. (Champion, I, 70-71.)

1607, 31 décembre. — On circule en bateau dans le cloître Notre-Dame. (Arch. nat., LL 307, fol. 55.)

1613, mai-juillet. — Grêle et pluies. Le 17 juillet, l'Armançon à Semur monte brusquement de 7 coudées (3 m. 50 environ), renverse cinquante maisons, noie quinze personnes. (Champion, II, 123.) Le 18, au petit jour, le flot « en forme de petit déluge » arrive à Dannemoine et emporte les moulins de Dannemoine, la Chapelle, Flogny, Saint-Benoît, les ponts Saint-Nicolas, Nord, et de Chablis. (État civil de Dannemoine, cité par Ernest Blin, *Remarques météorologiques faites au bon vieux temps dans le département de l'Yonne*, p. 256.) A Cravant, la première crue de la Cure arrive le 17; on repêche les bois flottés, et le jeudi 18 l'Yonne survient et emporte tout. (Arch. nat., II. 1891.) A Sens, le 19, l'Yonne enfle soudain et vient baigner le chevet de l'église Saint-Maurice. (Champion, II, 124.) A Paris, la Seine couvre subitement une grande partie de la Grève, en juillet (date indéterminée). (Champion, I, 73.)

1616. — Du 18 au 26 janvier, froid rigoureux. Le 26, dégel partiel, les eaux grossissent. Le 29, à onze heures du soir, la débâcle commence. En trois heures, la Seine monte de 7 pieds. Le 30, à une heure du matin, chute du pont Saint-Michel, puis du pont au Change. (*Discours véritable et déplorable de la chute des ponts au Change et Saint-Michel.* Lyon, 1616, in-8°; Bibl. Ville de Paris.) (Champion, I, 74, connaissait l'existence de cette pièce, mais n'avait pu se la procurer.)

1625. — Débordement de la Bièvre. (Champion, I, 239-240 et CXXVIII.)

1641. — Débordement de la Seine. (Champion, I, 75.)

1649. — Le 14 janvier, le faubourg Saint-Antoine était « tout noyé »; on allait en bateau rue Saint-Antoine. La rue du Temple, toute la rue des Lions Saint-Paul et le quai de l'Arsenal étaient couverts d'eau, ainsi que toute l'île Saint-Louis et tout le faubourg Saint-Germain. (*Journal d'Olivier Lefèvre d'Ormesson*, I, 631.) Février, chute d'une partie du pont des Tuileries ou pont Rouge (fig. 2). (Champion, I, 76.)

Propositions diverses faites en 1658 à la municipalité parisienne pour remédier aux inondations (Arch. nat., H 1907).

S. d. — Mémoire de Marchant-Dorigny : un canal de dérivation à prendre au bas de la muraille de M. de Bercy, « l'inclination naturelle de l'eau a déjà commencé le canal, ayant elle-même cavé le contenant et fait une espèce de conche en cet endroit »; le canal aboutirait entre le Cours-la-Reine et la Savonnerie [bâtiments de l'intendance militaire].

S. d. — Mémoire de Chartier, procureur en parlement, et de Théodore Luders, allemand, mathématicien et teneur de livres de raison : deux canaux concentriques, l'un de l'Arsenal aux Tuileries, l'autre du Port-au-Plâtre à Chaillot.

Mars. — Mémoire de P. Petit, « ingénieur qui a fait le dernier plan de Paris, fortifié le Havre de Grâce, et plusieurs places maritimes et autres » : canal de la Marne à Saint-Ouen.

10 mars. — *Moyens pour exempter d'inondations cette ville...*, par Jean Douet, escuyer, Sr de Rómcroissant (Paris, impr. de R. Mazuel, 1658, in-4°, 11 p.) : canal rive gauche, commençant entre la ville et le village d'Ivry, passant entre Gentilly, Montrouge, Vaugirard, et les faubourgs de Saint-Victor, Saint-Marcel, Saint-Jacques, Saint-Michel, Saint-Germain, pour aboutir à la Grenouillère [quai d'Orsay].

16 mars. — Mémoire de M. de Verdun, renouvelé de 1651 : canal de Gournay à Saint-Denis et canal de l'Arsenal à Chaillot.

20 mars. — Mémoire de C. Gamard : Le curage est le seul remède ; « antiennement le grand cours de l'eau estoit dans le canal devant les grands Augustins... il y avoit dix à douze pieds de hauteur d'eau dans l'été, à présent on le voit tout secq et sans eau l'été et ainsy en beaucoup de lieux au dessus et au dessoutz de Paris ».

23 mars. — Mémoire de Michel Villedo, conseiller du roi, général des œuvres de maçonnerie des bastiments de S. M., ponts et chaussées de France : il est d'avis de continuer le grand canal commencé sous Louis XIII, en 1635, suivant les dessins de Lemercier, architecte, et d'Argencourt, sergent de bataille et de ville, intendant des fortifications ; les alignements avaient été pris par Villedo lui-même de l'Arsenal au Temple, les travaux interrompus par la prise de Corbie.

23 mars. — Mémoire du sieur Noblet, maître des œuvres de la ville : canal de l'Arsenal à Chaillot en prenant les eaux 5 ou 600 toises en amont de l'Arsenal.

25 mars. — Mémoire de Le Vau, conseiller du roi et premier architecte de S. M. : insiste sur l'inutilité du canal.

26 mars. — Mémoire de Mathurin Du By, architecte du roi, renouvelé de 1651 : canal de l'Arsenal à la porte du Temple et de là à Saint-Ouen.

3 mai. — Mémoire anonyme : un canal de Charenton au Cours-la-Reine, un autre de Saint-Cloud au Pecq.

MASSON ET C¹ᵉ, ÉDITEURS

120, BOULEVARD SAINT-GERMAIN, PARIS

Vient de paraître :

L'Alimentation et les Régimes chez l'Homme sain ou malade (3ᵉ *édition revue et corrigée*), par ARMAND GAUTIER, professeur à la Faculté de Médecine de Paris, membre de l'Institut. 1 vol. in-8° de VIII-756 pages, avec figures. . . . . . 12 fr.

Vient de paraître :

Maladies des Pays chauds (Manuel de Pathologie exotique), par SIR PATRICK MANSON. 2ᵉ *édition française* traduite par M. GUIBAUD sur la quatrième édition anglaise, entièrement refondue. 1 vol. grand in-8° de XVI-815 pages, avec 244 figures et 7 planches en couleurs. . . . . 16 fr.

Diagnostic et Séméiologie des Maladies Tropicales, par R. WURTZ, professeur agrégé, chargé de cours à l'Institut de Médecine coloniale de la Faculté de Médecine de Paris, et A. THIROUX, médecin-major de première classe des troupes coloniales. 1 vol. grand in-8°, avec 97 figures en noir et en couleurs. . . . . 12 fr.

Les Venins. *Les Animaux venimeux et la sérothérapie antivenimeuse*, par A. CALMETTE, membre correspondant de l'Institut, Directeur de l'Institut Pasteur de Lille. 1 vol. in-8° de XVI-396 pages, avec 125 figures. Relié toile anglaise. . . . . 12 fr.

Explorations au Maroc. *Dans le Bled es Siba*; ouvrage publié sous le patronage du Comité du Maroc, par LOUIS GENTIL, docteur ès sciences, maître de conférences à la Sorbonne. 1 vol. in-8°, avec 208 figures dans le texte. . . . . 12 fr.

Géographie agricole de la France et du Monde, par J. DU PLESSIS DE GRENÉDAN, professeur à l'École supérieure d'Agriculture d'Angers, avec une lettre-préface de M. le marquis DE VOGÜÉ. 1 vol. in-8° avec 118 figures et cartes dans le texte. . . . 7 fr.

Annales de Paléontologie, publiées sous la direction de M. MARCELLIN BOULE. — Les *Annales de Paléontologie* paraissent tous les trois mois dans le format in-4° carré. Les quatre fascicules annuels, illustrés de nombreuses figures dans le texte, forment un volume d'au moins 20 feuilles et 20 planches. Abonnement annuel : France et départements, 25 fr.; étranger, 30 fr.

L'Anthropologie. — Rédacteurs en chef : MM. BOULE et VERNEAU. — Principaux collaborateurs : MM. ALBERT GAUDRY, BREUIL, CARTAILHAC, COLLIGNON, DECHELETTE, DENIKER, HAMY, LALOY, MONTANO, SALOMON REINACH, ROLAND BONAPARTE, TOPINARD. — *L'Anthropologie* paraît tous les deux mois, avec planches et figures dans le texte. Abonnement : Paris, 25 fr.; Départements, 27 fr.; Union postale. . . . . 28 fr.

BIBLIOTHÈQUE D'HYGIÈNE THÉRAPEUTIQUE

Fondée par le **Professeur PROUST**

Chaque volume in-16, cartonné toile, tranches rouges, **4 fr.**

L'Hygiène du Goutteux (2ᵉ *édition*), par A. MATHIEU.
L'Hygiène de l'Obèse (2ᵉ *édition*), par A. MATHIEU.
L'Hygiène des Asthmatiques, par le Pʳ BRISSAUD.
Hygiène et Thérapeutique thermales, par G. DELFAU.
Les Cures thermales, par G. DELFAU.
L'Hygiène du Neurasthénique, (3ᵉ *édition*), par le Pʳ G. BALLET.
L'Hygiène des Albuminuriques, par le Dʳ SPRINGER.
L'Hygiène du Tuberculeux (2ᵉ *édition*), par le Dʳ CHUQUET, préface du Dʳ DAREMBERG.
Hygiène et thérapeutique des Maladies de la Bouche (2ᵉ *édition*), par le Dʳ CRUET, dentiste des hôpitaux de Paris, avec une préface du Pʳ LANNELONGUE.
L'Hygiène des Diabétiques, par le Pʳ PROUST et A. MATHIEU.
L'Hygiène des Maladies du Cœur, par le Dʳ VAQUEZ.
L'Hygiène du Dyspeptique (2ᵉ *édition*), par le Dʳ LINOSSIER.
Hygiène thérapeutique des Maladies des Fosses nasales, par MM. les Dʳˢ LUBET-BARRON et R. SARREMONE.
Hygiène des Maladies de la Femme, par A. SIREDEY.

MASSON ET Cⁱᵉ, ÉDITEURS
120, BOULEVARD SAINT-GERMAIN, PARIS.

Vient de paraître :

La montagne Pelée après ses Éruptions, par A. LACROIX, membre de l'Institut, professeur au Muséum d'histoire naturelle (Ouvrage publié par l'Académie des sciences). 1 vol. grand in-4° avec nombreuses figures dans le texte, d'après des photographies originales. . . . . 10 fr.

Leçons de Géographie physique, par A. DE LAPPARENT, Secrétaire perpétuel de l'Académie des Sciences, professeur à l'École libre de hautes études, ancien président de la commission centrale de la Société de Géographie. — *Troisième édition revue et augmentée.* 1 vol. grand in-8° de XVI-728 pages, avec 203 figures dans le texte et une planche hors texte en couleurs. . . . . 12 fr.

Abrégé de Géologie, par A. DE LAPPARENT. — *Sixième édition, revue, corrigée et augmentée.* 1 vol. in-16 de XVI-438 pages avec 163 figures dans le texte et une planche en couleurs. . . . . 4 fr.

Traité de géologie, par A. DE LAPPARENT. — *Cinquième édition*, entièrement refondue et considérablement augmentée, publiée en 3 volumes gr. in-8°, avec 883 figures et cartes dans le texte. . . . . 38 fr.

Précis de Minéralogie, par A. DE LAPPARENT. — *Cinquième édition*, revue et corrigée. 1 vol. in-18 avec 335 figures dans le texte, cartonné toile. . . . . 5 fr.

Cours de minéralogie, par A. DE LAPPARENT. — *Quatrième édition, revue et corrigée.* 1 vol. gr. in-8°, avec 630 figures dans le texte et une planche chromolithographiée. . . . . 15 fr.

Guides du Touriste, du Naturaliste et de l'Archéologue, collection publiée sous la direction de M. MARCELLIN BOULE, docteur ès sciences.

Le Cantal, par MARCELLIN BOULE et LOUIS FARGES, archiviste-paléographe. (*Épuisé*.)

La Lozère, Causses et gorges du Tarn, par MM. ERNEST CORD, ingénieur agronome; GUSTAVE CORD, docteur en droit, et ARMAND VIRÉ, docteur ès sciences.

Le Puy-de-Dôme et Vichy, par MM. MARCELLIN BOULE; PH. GLANGEAUD, maître de conférences à l'Université de Clermont; PLUMANDON, météorologiste à l'observatoire du Puy-de-Dôme; G. ROUCHON, archiviste du Puy-de-Dôme; A. VERNIÈRE, directeur de la *Revue d'Auvergne*.

Le Lot, Padirac, Rocamadour, La Cave, par A. VIRÉ, docteur ès lettres, lauréat de l'Institut.

La Haute-Savoie, par M. MARC LE ROUX, docteur ès sciences, conservateur du Musée d'Annecy.

La Savoie, par MM. J. RÉVIL, président de la Société d'histoire naturelle de la Savoie, et J. CORCELLE, agrégé de l'Université.

Sous presse : *Le Dauphiné, Le Velay.*

Chaque volume in-16 avec nombreux dessins, photographies et cartes, cart. toile. 4 fr. 50

LA NATURE
Revue des Sciences et de leurs Applications aux Arts et à l'Industrie
JOURNAL HEBDOMADAIRE ILLUSTRÉ
Direction :

L. DE LAUNAY
Professeur à l'École des Mines et à l'École des Ponts et Chaussées.

E.-A. MARTEL
Ancien Président de la Commission centrale de la Société de Géographie.

Par sa notoriété, sa vaste circulation, l'activité de ses Rédacteurs, LA NATURE voit converger vers elle de tous les points du monde tout ce qui intéresse le public scientifique. *Elle est donc le mieux informé, le plus complet des journaux de ce genre.* Elle en est aussi le plus sérieux, car jamais elle n'expose une question, qu'après être documentée de la façon la plus rigoureuse. *Une illustration abondante, luxueuse, toujours originale*, établie avec le plus grand soin d'après les documents de première main, exécutée par les procédés les plus soignés, complète toujours les articles, en facilite la lecture et fait de LA NATURE *le plus magnifique des albums* que puisse feuilleter un ami des sciences.

Abonnement annuel : Paris, **20 fr.** — Départements, **25 fr.** — Union postale, **26 fr.**

943-08 — Coulommiers. Imp. PAUL BRODARD. — 7-08.

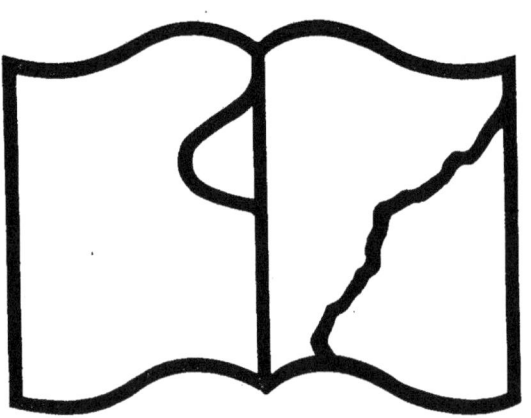

Texte détérioré — reliure défectueuse
NF Z 43-120-11

www.ingramcontent.com/pod-product-compliance
Lightning Source LLC
Chambersburg PA
CBHW060921050426

42453CB00010B/1849